Lebe deine Träume

Lebensbaum

Autoren:
n'Kara Friess
Wolfgang Friess

n’Kara Friess
Wolfgang Friess

Lebe deine Träume

Lebensbaum

Rediroma-Verlag

Bibliografische Information der Deutschen Nationalbibliothek:
Die Deutsche Nationalbibliothek verzeichnet diese Publikation in der Deutschen Nationalbibliografie; detaillierte bibliografische Daten sind im Internet über http://dnb.ddb.de abrufbar.

ISBN 978-3-96103-054-5

www.rediroma-verlag.de
5,95 Euro (D)

Inhalt

Dieses Buch ist in Liebe zu meiner Mama und in Dankbarkeit zu all den Erwachsenen entstanden, die bereit waren, mir gute Dinge zu lehren.

Besonders danken möchte ich meinen Omas und Opas.

Was sind deine Träume? Was möchtest du einmal werden? Oder, noch besser: Wer willst du sein?

Sich seine Träume zu erfüllen, also erfolgreich zu sein und im Leben zu gewinnen, kann erlernt werden, Jeder kann es lernen, egal, wie alt, wie jung. Egal, welche Sprache oder welcher Dialekt, egal ob groß oder klein. Selbst so klein wie ich.

Mein Name ist n'Kara und ich bin 9 Jahre jung und noch sehr klein.

Dieses Buch ist für uns Kinder und für Erwachsene ebenso. Für uns alle, die wir mehr wollen vom Leben. Wir, die wir unser volles Potenzial erreichen und in vollem Genuss leben wollen. Für uns alle, die wir glücklich und reich sein wollen.

In Liebe n'Kara

Wenn du schon superglücklich bist ...
Wenn du schon alles geträumt hast ...
Wenn du schon erfolgreich bist ...
Wenn du schon bist, wer du sein willst ...
Wenn du schon hast, was du haben willst ...
Wenn du alle Schwierigkeiten besiegen kannst ...
Wenn du Herr all deiner Sorgen bist ...
...,Dann lies jetzt nicht mehr weiter.

In diesem Fall freue ich mich sehr, sehr viel für dich.

Arbeitsfeld

In diesem Buch gebe ich dir Vorschläge und Ideen für Aufgaben und deine Mitarbeit.
Du kannst Notizen, deine Gedanken und eigene Vorstellungen auf einem Blatt Papier niederschreiben oder zeichnen.
Du kannst dies aber auch auf den freien Arbeitsfeld-Seiten im Buch tun.
Ich liebe es, deine Zeichnungen zu sehen.

Nimm ein Blatt Papier und schreibe darauf nieder, was dir gerade zu dem Thema einfällt, wenn es um dein Leben oder deine Ziele (Träume) geht.

Noch besser: Male es mit Buntstiften oder einfach nur mit einem Bleistift.

Wenn du weißt, wie man ein Mindmap erstellt, dann kannst du diesen Platz auch dafür nutzen.

Am besten liest du zuerst unser gemeinsames Abenteuer und anschließend kannst du auf der freien Seite zeichnen.

Der kleine Napoleon lebt ganz große Träume!

Napoleons Mutter sagte zu dem kleinen Bonaparte immer wieder: „Du kannst werden, wer immer du sein möchtest.“ Und er wurde, was er sein wollte und mehr.

Er wollte der beste General aller Zeiten sein.

Napoleon wurde General und Kaiser aller Franzosen

Trotz seiner kleinen Statur und seines korsischen Dialektes, wurde er der beste General aller Zeiten, so wie er es sich als kleines Kind erträumte.

Arbeitsfeld

So wie Napoleon Bonaparte davon träumte, der beste General aller Zeiten zu werden, schreib hier nieder, was dein ganz großer Traum ist. Falls du ein eBook hast, nimm ein Blatt Papier oder einen Notizblock.

Sieh dich schon dein Ziel in Händen zu halten. Und zeichne hier, wer du sein wirst oder was du haben willst.

Lass uns gemeinsam auf Abenteuer und Entdeckungs-reise gehen.

Arbeitsfeld

Was macht dich neugierig?
Was hast du noch nicht gelernt, was du noch unbedingt lernen möchtest?
Hast du schon alles, was du haben möchtest? Was möchtest du noch haben oder erleben?

Schreib oder zeichne es hier. Oder erstelle deine Gedanken-Mindmap.

Bleibe immer neugierig!

Die erste Hürde zu überwinden auf deinem Weg zu Erfolg und einem vollen Leben, ist dein Wille, lernen zu wollen und mehr wissen zu wollen. Sei entdeckungsfreudig und aufgeschlossen „Neuem“ gegenüber.

Arbeitsfeld

Von wem in deinem Umfeld oder Bekanntenkreis kannst du noch so richtig viel lernen?

Schreib hier seinen oder ihren Namen auf.

Gibt es einen Helden, den du verehrst und von dem du lernen könntest, indem du ein Buch über ihn/sie liest oder dich im Internet über diese Person informierst?

Der Wille zu lernen

Als Kinder gibt es noch so vieles, das wir noch lernen wollen. Sogar Erwachsene lernen immer noch was dazu, wenn sie es wollen.

Wenn du diesen Willen, von anderen lernen zu wollen, nicht hast, wird die Tür zum Erfolg verschlossen bleiben.

Die gefährlichsten Wörter im Leben, welche Erwachsene vom Lernen abhalten, sind: „Ich weiß schon“ oder „Ich weiß eh“. Noch schlimmer ist es zu glauben: „Ich weiß eh schon alles“.

Arbeitsfeld

Denke nach, ob es etwas gibt, wo du hingefallen, aber gleich wieder aufgestanden bist. Suche eine Erfolgsgeschichte, wo dich das Scheitern nicht aufgehalten hat. Zeichne oder Schreibe sie hier nieder.

Denke nach ob es etwas gibt, wo du hingefallen bist und dich dann einschüchtern hast lassen. Suche eine Geschichte, auf die du nicht stolz bist. Wo du dich geschämt hast und es nicht noch einmal versucht hast.

Unser Wille als Türöffner

Wenn du den Willen hast, noch mehr von anderen lernen zu wollen, stehen dir alle Türen weit offen.

Unser Geheimnis: Wir Kinder wollen noch lernen und wenn wir hinfallen, stehen wir wieder auf. Und wieder und immer wieder. Viele Erwachsene haben Angst hinzufallen und sich zu blamieren.

Wenn wir Ski fahren, gehört das Hinfallen dazu. Wir stürzen und stehen wieder auf, bis wir es können, genauso beim Radfahren. Solange, bis es klappt. Wir Kinder sind noch willig zu lernen und es anzuwenden. Diese Eigenschaft sollen wir nie verlernen. Stürzen gehört zum Leben, immer wieder und immer wieder. Das gehört einfach dazu und beim Skifahren hinfallen kann sogar lustig sein. Man wird so richtig weich und mit Schnee zugedeckt. Wichtig ist es, immer wieder aufzustehen und weiterzumachen. Egal, was andere denken.

Arbeitsfeld

Denke nach, wann du negativ denkst und welche negativen oder traurigen oder bösen Gedanken du in deinem Kopf hast.
Schreib sie nieder.

Es ist gut, dir dieser Gedanken bewusst zu sein.
Jetzt schreib nieder, wie du diese Gedanken aus deinem Kopf jagen möchtest und mit welchen guten Gedanken du sie ersetzen möchtest.

Dein Zauberspiegel

Dein Zauberspiegel gibt dir genau das zurück, was in dir ist. Ob gute Gedanken oder schlechte Gedanken. Der Spiegel reflektiert genau das, entweder positiv oder negativ ist. Nennen wir den Zauberspiegel unseren „Lebensspiegel". Er reflektiert unser Leben genau so nach außen, wie es in uns ist. Was wir in uns denken oder träumen, beeinflusst, wer wir sind oder einmal sein werden.

Habt ihr in der Schule von den Griechen und ihren Göttern gelernt?

> Die alten Griechen sagten schon:
> Wohin du deine Aufmerksamkeit lenkst,
> dahin fließt deine Lebenskraft.

Arbeitsfeld

Denke an all diese positiven Gedanken und Träume, die du hast. Nicht nur Träume in der Nacht, wenn du schläfst, sondern insbesondere deine Tagträume.

Dein Lebensspiegel

Denken wir immer daran, dass wir im Leben werden, was in uns vorgeht. Die Träume und Ziele, die wir haben, sind wichtig.

Auf unserer Abenteuerreise wollen wir entdecken, wie wir glücklich leben und gute Träume träumen können. Und wir wollen auch von anderen lernen, vom Felix und anderen. Lass uns lernen, positiv zu denken und uns auf gute Dinge zu konzentrieren.

Werde Meister deiner Gedanken

Es ist wichtig, Gutes zu träumen und positiv zu denken. Was wir bevorzugt denken, das beeinflusst uns. Was wir vom Leben und von uns denken, darauf konzentrieren wir uns. Daher ist es wichtig, dass wir immer positiv denken und diese guten Träume als Ziele diszipliniert verfolgen. Wenn ein schlechter Gedanke aufkommt, sage zu dir selber „Stopp, Storno. Weg“ und versuche sofort, was Gutes zu denken.

Gartenarbeit – Kopfarbeit

Wir müssen unsere Gedanken pflegen, so wie wir einen Garten pflegen.
Manchmal helfe ich meiner Oma am Land ihren Garten zu pflegen. Einmal haben wir sogar selbst in einem Haus gelebt und mein Papa hat mir einen Garten gemacht, damit ich lernen kann, wie die Natur und das Leben funktioniert. Davon habe ich sehr viel gelernt. Jedes Mal, wenn ich ein bisschen faul war, kam das Unkraut und das wächst schneller als meine Erdbeeren und Sonnenblumen. Das Unkraut hat meine Nutzpflanzen überwuchert. Dieses Unkraut ist wirklich bösartig und wächst viel schneller als die guten, positiven Pflanzen.
Habt ihr schon einmal im Garten mitgearbeitet?

Ich werde, was ich denke. Worauf ich mich konzentriere und hart daran arbeite, das erreiche ich!

Arbeitsfeld

Denke nach, welche deiner Gedanken dich dabei unterstützen, deine Ziele oder deinen großen Traum zu erreichen. Denke wirklich ganz fest nach und schreibe jeden Gedanken oder Traum nieder, der sich mit deinem Ziel befasst.

Falls du keine solche Gedanken gefunden hast, dann wird es jetzt wirklich Zeit, dass du jeden Tag zumindest einmal an dein großes Ziel denkst.

Unser Gedanken-Garten

In unserem Kopf ist es wie in einem Garten. Wenn wir unsere Gedanken nicht pflegen kommen zu viele böse Gedanken und die überwuchern dann die guten Gedanken. Das ist wie Unkraut im Garten meiner Oma. Und die bösartigen Gedanken wachsen manchmal auch schneller als die Guten.

Es gibt Gedanken, die unseren Zielen und Träumen förderlich sind. Das sind die Nutzpflanzen, die du pflegen sollst.

Ein Garten kann wunderbar sein,
wenn wir ihn mit Liebe pflegen.

Es gibt Gedanken, die unseren Zielen nicht dienen und uns auf einen falschen Weg bringen. Das ist Unkraut. Das soll man entfernen und durch gute Gedanken ersetzen.

Arbeitsfeld

Zeichne hier etwas, das du in der Natur gesehen hast, das ganz klein anfängt, später aber richtig groß wird.
Denke an deine Haustiere, falls du welche hattest, oder etwas aus der Natur.

Aus einem kleinen Samenkorn wird etwas Großes

Von der Natur kannst du wirklich viel lernen. Geh mal zu deiner Oma und hilf ihr im Garten. Das ist echt super.
Noch etwas habe ich in der Gartenarbeit gelernt. Am Anfang sind winzige kleine Samenkörner, die man fast gar nicht sieht. Karottenkörner sind so kleine braune Punkte. Die siehst man fast gar nicht. Aber später wird dann eine richtige große Karotte und noch dazu gelb oder orange und so knusprig saftig. Von einem kleinen braunen Samenkorn.
Das ist wie unsere Gedanken, unsere Gedanken sieht man auch kaum. Nur manchmal, wenn wir sie aussprechen oder jemandem erzählen, kennt man sie.
Aber gleichzeitig kann aus einem kleinen Gedanken, aus einer kleinen Idee etwas Riesiges werden. Wie der Gedanke von Napoleon, der beste General zu werden, oder vom Felix, der sich dachte, er möchte wie ein Vogel fliegen. Den Felix treffen wir später noch in diesem Buch. Ganz sicher. Ich verspreche es euch.

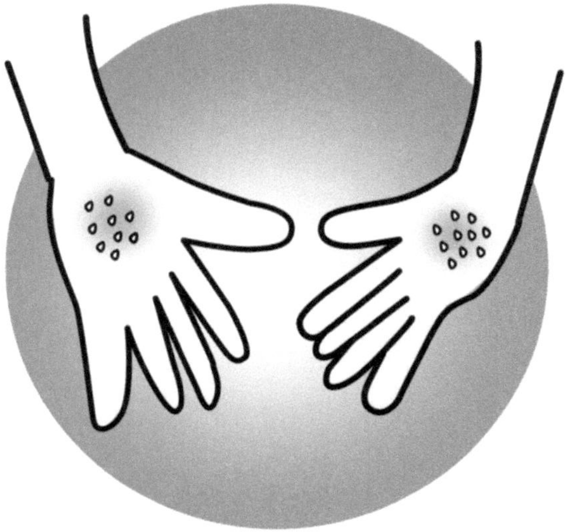

Siehst du die kleinen Karottensamen auf meiner Hand? Jetzt stell dir mal eine Kastanie vor. Von einer kleinen Kastanie wird ein riesen Baum.

Arbeitsfeld

Zeichne hier deinen Lebensbaum mit all den Früchten, die er einmal tragen soll, wenn du groß bist. Zeichne all deine Wünsche und all deine Träume auf diesen Lebensbaum.

Das Samenkorn deiner Gedankenwelt: der Lebensbaum

So wie wir jetzt noch weiterwachsen und groß werden, so werden unsere Gedanken wie ein Baum wachsen und uns entweder ein gutes Leben bringen oder ein schlechtes.

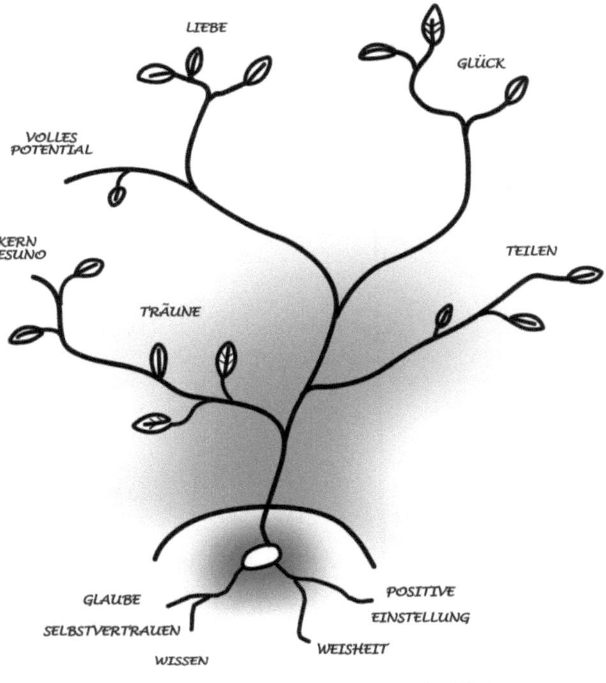

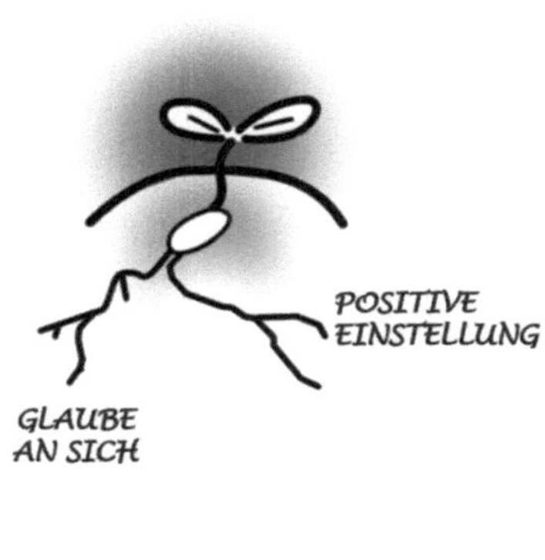

Das Interessante in der Natur ist, dass die Erwachsenen aufhören zu wachsen, aber nicht die Gedanken. Egal, wie alt wir einmal sein werden, unsere Gedanken können wir weiterwachsen lassen.

Wenn wir eine positive Einstellung haben und an uns glauben, sollte ein schöner Baum mit vielen Früchten hervorgehen.

Arbeitsfeld

Schreibe hier all die Dinge nieder, die du einmal gehört hast, wie sie andere Leute zu dir sagten.
Oder auch Sachen, die du selber leise zu dir gesagt hast und die dich aufhalten könnten, dein Ziel zu erreichen.

Lass dich nicht aufhalten

Ein Hürde auf unserem Weg sind unsere Zweifel. Die Erwachsenen nennen das Selbstzweifel. Du musst diese überwinden und an dich glauben. Es ist wichtig, an deinen Traum zu glauben.
Neben deinen eigenen Zweifeln gibt es da noch die Zweifel anderer Menschen. Auf deinem Weg zum Erfolg begegnest du nicht nur deinen eigenen Zweifeln, sondern du wirst auch Menschen treffen, welche dir sagen werden, dass es nicht möglich ist. So was haben die Leute zu Napoleon und Felix gesagt:

Ein kleiner Korse kann nie Kaiser der Franzosen werden.

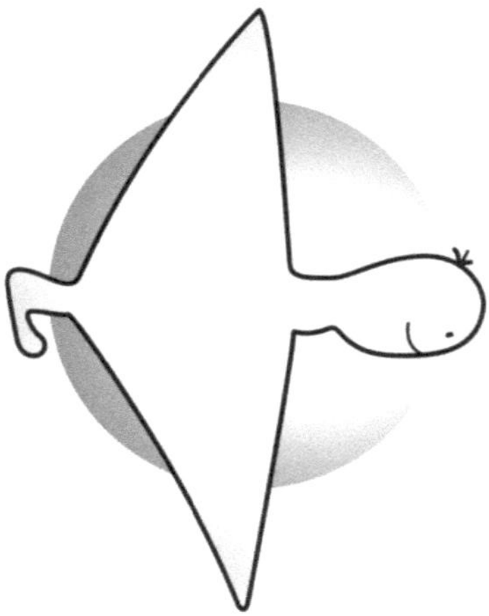

So was hat noch niemand getan.
Felix, hör auf zu träumen!

Arbeitsfeld

Denke an andere Personen, die etwas getan haben, das dich beeindruckt. Denke an etwas, das dir imponiert. Und denke dann nach, ob diese Person eventuell Selbstzweifel hatte oder ob andere Menschen an dieser Person gezweifelt haben könnten. Denke auch an den Geschichtsunterricht, an Personen aus der Vergangenheit, oder jemanden, den du gut kennst.

Hör nicht auf zu träumen

Der Felix war auch gerne im Garten seiner Eltern. Felix war aber nicht an den Karotten interessiert, sondern an den Vögeln. Der kleine Felix war offen für neue Ideen und er hatte Eltern, die ihn unterstützten. Als Kind träumte er davon durch die Lüfte zu fliegen und kletterte auf Bäume um zu sehen wie Vögel von oben sehen.

Als er groß war, tat er, was niemand vor ihm tat und wovon viele sagten, dass es nicht möglich sei.

Felix sprang von der Grenze zum Weltall zurück auf die Erde. Die Erwachsenen nennen es den Space Jump.

Felix hat die Zweifel anderer überwunden und glaubte an sich. Er wuchs weit über sein ursprüngliches Ziel hinaus. Er wuchs grösser als alle Hindernisse. Er ist der erste Space Jumper aller Zeiten.

Felix kommt von einem ganz kleinem Land, aber er meisterte den großen Planeten Erde.

Arbeitsfeld

Schreibe hier oder zeichne hier alle Probleme auf, die dich momentan belasten.

Wachse grösser als alle Probleme

Jetzt sind wir noch klein und manche Probleme erscheinen sehr groß. Aber keine Sorge, das geht Erwachsenen ebenso. Alles, was das heißt, ist, dass sie ein kleines Ich sind und kleiner sind als deren Probleme.

Natürlich, wenn wir kleiner sind als unsere Probleme erscheint das ganze Leben schwer und wir verzweifeln. Wenn wir verzweifeln, verlieren wir unsere Freude und wir können nicht mehr glücklich sein.
Weglaufen hilft aber nichts.

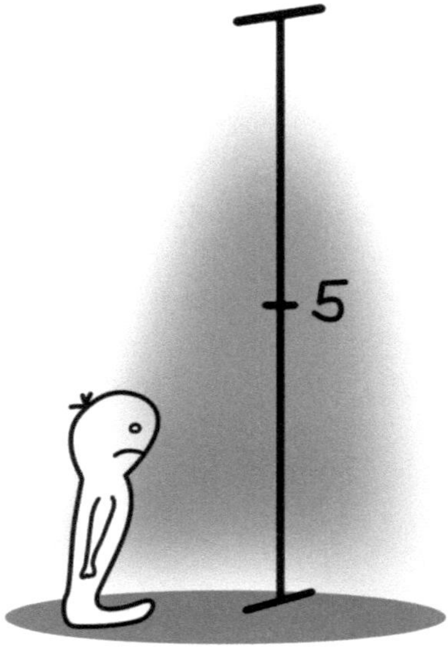

Hier bin ich ein kleines Ich der Grösse 3. Damit ist ein mittleres Problem der Stufe 5, schon ein grosses Problem für mich.

Arbeitsfeld

Und jetzt schreibe hier auf, wie du jedes einzelne dieser Probleme meistern kannst.

Wachse grösser als alle Probleme

Ziel im Leben ist es, grösser zu wachsen als alle Probleme. Wenn wir dann von oben auf die Probleme herabschauen wie ein Vogel, dann erscheint das gar nicht mehr als ein Problem. Ziel im Leben ist es also nicht, vor Problemen davonzulaufen oder ihnen auszuweichen. Sei mutig, lerne und arbeite an dir als Person, um in Zukunft alle Probleme meistern zu können.

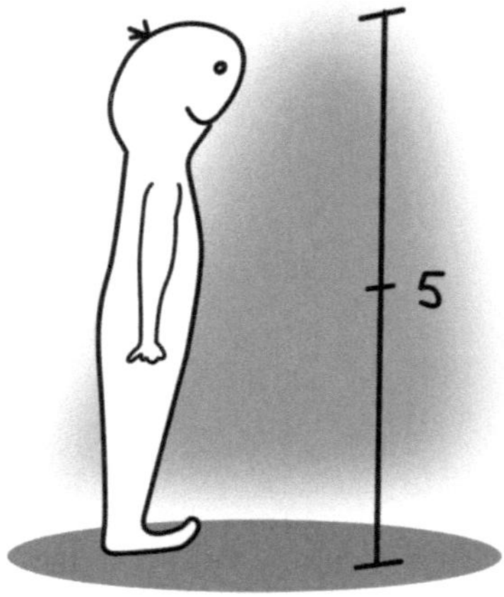

Hier bin ich über meine Probleme hinausgewachsen. Nun erscheint ein Problem der Stufe 5 als ganz klein und unbedeutend.

Arbeitsfeld

Denke hier noch einmal an dein erstes Arbeitsfeld, wo du dich fragtest, wer du sein möchtest, oder was du haben möchtest. Denke jetzt noch einmal nach und zeichne jene große Person, die du sein möchtest. Denke daran, es geht nicht um Körpergröße, du kannst kleiner sein als andere, aber trotzdem etwas Großartiges sein.
Du kannst von einem kleinen Land kommen und trotzdem etwas Großes leisten.

Wachse in ein größeres Ich

Das ist der Lauf der Natur, es geht ums Wachsen und das Leben in vollen Zügen zu genießen.
Falls ihr mal regelmäßig im Garten arbeitet, wird euch eines auffallen. Wenn eine Pflanze aufhört zu wachsen, dann verwelkt sie. Zuerst wird die Pflanze braun und trocken, dann stirbt sie.
Viele Menschen verwelken auch, wenn sie aufhören zu träumen.
Bei uns Menschen geht es aber nicht nur darum körperlich zu wachsen, sondern in Charakter und Person, die man ist.
Es geht nicht darum wie gut du jetzt bist, sondern wie gut du sein willst.

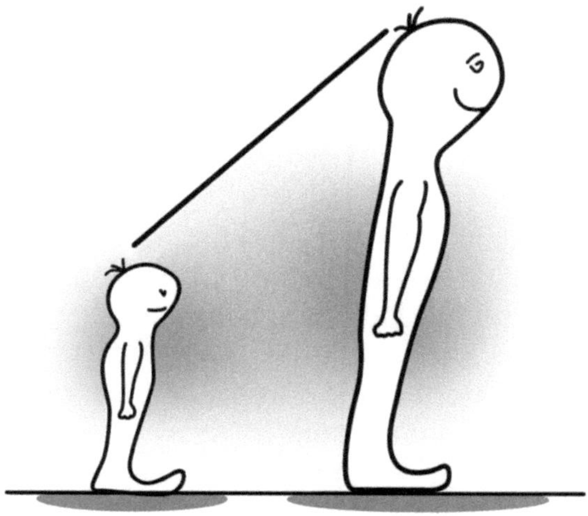

Unser Ziel sollte es sein, ständig weiter zu lernen und eine größere bessere Person zu werden.

Arbeitsfeld

Denke an all die Situationen, in denen du schon einmal faul warst oder aufgegeben hast? Was ist dann mit deinem Traum passiert?

Denke nach wo, du sehr gut sein möchtest. Ist es ein Sport, ein Schulgebiet, ein Fachgebiet oder sonst eine Leidenschaft? Schreib es nieder oder zeichne es.

Erinnere dich, es geht nicht darum, wie gut du bist, sondern es geht darum, wie gut du sein willst.

Harte Arbeit & Disziplin

Eine weitere Hürde auf deiner Abenteuerreise zu deinen Träumen ist Faulheit und Bequemlichkeit. Viele Erwachsene haben noch immer den falschen Glauben, dass man durch Nichtstun, mit Tricks und Unehrlichkeit reich und glücklich werden kann. So einen falschen Glauben nennt man in der Welt der Erwachsenen einen Irrglauben.

Hinter jedem Erfolg steckt harte Arbeit und der Plan und die Absicht erfolgreich und glücklich zu werden. Wer seine Ziele erreicht hat, hat hart daran gearbeitet. Das haben Felix und andere bewiesen und uns vorgelebt.

Im Spitzensport nennt man das: tägliches Training. Die weltbesten Tennisspieler haben jahrelang trainiert unter der Woche als auch an Feiertagen. Diese Leute sitzen nicht stundenlang vor dem Fernseher. Wolfgang A. Mozart hat täglich mehrere Stunden am Piano geübt und das schon im Alter von vier Jahren.

Arbeite hart, trainiere jeden Tag.

Arbeitsfeld

Zeichne oder schreibe noch einmal dein Ziel bzw. deinen Traum nieder.

Dann schreibe, was du dafür geben wirst. Schreibe hier, wie hart du trainieren oder lernen oder arbeiten wirst.

Schreibe hier auf, welche Überraschungen es dir schwer machen könnten, und wie du „niemals aufgeben“ wirst.

Ein Ziel vor Augen, harte Arbeit und nicht aufgeben

Dein Ziel

Harte Arbeit

Niemals aufgeben

Zusammenfassung

Gratuliere. Wir sind am Ende unseres Abenteuers und der Entdeckungsreise angekommen. Wir haben von Napoleon gehört, den Felix getroffen, wir waren kurz im Garten meiner Oma und haben etwas von der Welt der Erwachsenen entdeckt. Und ganz am Schluss haben wir noch einen Berg bezwungen, sind über steile Felsen geklettert und vom Regen nass geworden, bevor wir unser Gipfelziel erreicht haben.

Lass uns noch einmal nachdenken, was uns dabei geholfen hat, diese Hindernisse zu überwinden und durchzuhalten.

1. Sei offen und neugierig
2. Sei willig, von anderen zu lernen
3. Dein Inneres formt dein Äußeres: Sei positiv
4. Werde Meister deiner Gedanken
5. Lass dich nicht von Selbst- oder Fremdzweifeln aufhalten
6. Wachse in eine größere Person
7. Wachse über deine Probleme hinaus
8. Sei dir bewusst der vielen Dimensionen von Erfolg
   Du hast sie auf deinem Lebensbaum gesehen, der aus dem Samen deiner positiven Einstellung gewachsen ist (Seite 35)
9. Habe ein Ziel vor Augen
10. Arbeite hart an deinen Zielen
11. Und gib niemals auf

Urlaub bei Oma
Urlaub am Bauernhof

Übrigens, falls du mal Lust hast, die Natur in ihrer vollen Lebenskraft zu sehen und von den Pflanzen, den Tieren und der Natur zu lernen, kannst du Urlaub bei meiner Oma machen.
Poldi Oma hat eine Ferienpension am Land mit vielen Streicheltieren, einer großen Wiese und vielen Pflanzen und Bäumen. Sogar einen wunderschönen ‚Zauberwald' gibt es bei ihr.
Sie lebt in der Steiermark. Die Leute in der Steiermark sind liebe und gute Menschen. Es wird dir dort bestimmt gefallen.

Ich gebe dir ihre Adresse und Telefon Nummer:

Leopoldine (Poldi) Friess
Haring 153
8183 Floing
Österreich

Telefon: 03177 2280
Wenn du von der Schweiz, Liechtenstein, Luxemburg, Südtirol oder Deutschland anrufst musst du noch 0043 vorwählen: 0043 3177 2280

Wenn du mir deine Zeichnungen scannen und schicken willst, kannst du mir schreiben:

Nkara.friess@gmail.com

In Liebe, deine n'Kara

Über den Autor:

Hallo!
Ich bin n'Kara Friess. Ich bin nun neun Jahre alt. Ich schreibe mein erstes Buch. Eigentlich male und schreibe ich daran schon seit einem Jahr. Mein Papa hilft mir dabei, es in die Sprache der Erwachsenen zu übersetzen.
Mein Buch ist zwar für Kinder und Jugendliche, es ist aber auch sehr hilfreich für Erwachsene. Viele der Erwachsenen lesen mein Buch heimlich selber.

Das ist mein Papa, mit mir als ich noch viel kleiner war. Er ist mein Co-Autor:

Da auf dem Foto waren Vati und ich gerade mit Mama in Frankreich, in Nimes oder Arles. So genau weiss ich das nicht mehr. Auf alle Fälle haben meine Eltern mich dort hingebracht, damit ich jeden Tag Französisch rede. Wir lernen in der Schule ja das berühmte Lied "Sur le pont d'Avignon". Und nach Avignon sind wir natürlich auch gefahren.
Nein, mein Papa ist nicht Franzose. Er hilft mir meine Wörter in Deutsch richtig auszudrücken. Aber alles darf er nicht korrigieren, denn die Erwachsenen reden ja immer so kompliziert.

Danksagung

Wir möchten mehreren Leuten danken, die wesentlich zum Erfolg unseres Buchprojektes beigetragen haben.
Sei es weil wir von ihnen Ideen, Weisheiten oder Hilfestellung erhalten haben, oder einfach nur weil diese Leute mit gutem Beispiel vorangegangen sind. Als gute Vorbilder haben Sie uns den Weg gezeigt. Wir bewundern „Wer sie sind“, „Was sie tun“ und „Wie sie es tun“.
Unsere Danksagung geht an folgende Personen und gute Freunde:

Julie Otten, Niederlande. John Claire, Liechtenstein. Steffie Bertram, Germany. Christoph Mohr, Germany. Martin van Almsick, Germany. Christian Reitterer, Austria. Julius Wuertenberger, Austria. Mark Pedevilla, Austria. Alex Keller, Schweiz. Stephan Kohler, Schweiz. Alain Duvaud, Schweiz. Alex & Shari Tjulkin, Austria/Tschechei. Heike Dobrovolny, Austria. Andreas & Hannes Hoefler, Austria. Rudolf Trautendorfer, Austria. Richard Romirer-Maierhofer, Austria. Wim Rombaut, Belgien. Dirk Abeel, Belgien. Namjil Ulziibayar, Mongolei.